幼儿启蒙知识库

自然

艾米莉·鲍蒙/创意、文

希尔维·米希莱/图

未来出版社
Future Publishing House

花

丽春花

矢车菊

叶子

茎

根

花在田野和森林中生长。

紫罗兰

铃兰

毛茛

雏菊

树

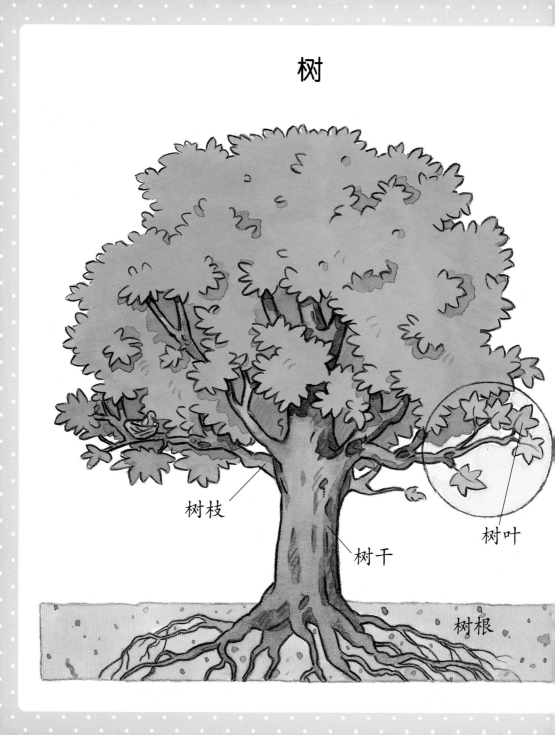

树枝

树干

树叶

树根

这种树在
冬天不会
掉光叶子。

松树

这是一种
很高大的
树。人在
它面前显
得很小。

红杉

这种树在
冬天叶子
就掉光了。

橡树

这种树只
在热带地
区生长。

椰子树

春天

苹果树上开满了玫瑰色和白色的花儿。

夏天

树叶都绿了，苹果也长大了。

秋天

叶子开始落了，苹果也成熟了。

冬天

树木都很伤心，因为他们的衣服都没有了。

天气

阳光照耀，天空湛蓝，天气很热。

如果乌云很重，就可能会下雨。

狂风吹，树叶落，所有东西都飞起来了。

雪大片大片地落下，天气好冷。

天空

星星

流星

当太阳落山，夜幕降临，月亮就

月亮

出现在空中，星星开始眨眼。

退潮

悬崖

沙滩

当海水退去，在水坑里

灯塔

岩礁

找虾和贝壳很好玩哦！

大海

鲸鱼

鲨鱼

乌贼

正在捕鱼的鱼

海里有很多动物，有大的，也有

海豚

海马

枪鱼

水藻

章鱼

比目鱼

礁石

小的。找一找长着"马头"的鱼。

山里的冬天

雪覆盖了一切。湖面结冰了，天气很冷。

山里的夏天

雪融化了，草地上开满鲜花。

在乡间

鸟

瓢虫

小麦

狐狸

田鼠

刺猬

蜗牛

有些动物住在田野里，有些住在森林中。

松鼠

鹿

兔子

野猪

你能找到正在逃跑的兔子吗?

池塘

我们在这儿看到许多动物。指出

鱼、鸭子、青蛙、鸟和水獭。

热带草原

长颈鹿

斑马

狮子

这些动物生活在那些不常下

瞪羚

小象

大象

雨、天气总是很热的国家。

热带雨林

猴子

蟒蛇

巨嘴鸟

豹子

那儿有许许多多的植物，有的长

火烈鸟

鳄鱼

乌龟

在水里。有些动物藏起来了，找一找。

沙漠

仙人掌

那里只有沙子和碎石，偶尔会遇到

沙丘

棕榈树

绿洲

骆驼

长刺的植物和靠近绿洲的棕榈树。

自然游戏

试试回答下面的问题：

白天天空中什么东西在发光？晚上天空
中什么东西在发光？鱼住在哪儿？哪种
动物喜欢雨水？

从云里会落下什么？圣诞节人们会装饰
什么树？在沙滩上人们用什么造城堡？
什么东西会从树枝中长出来？

问号里的动物系列

回家的动物

寒带的动物

夜间的动物

农场的动物

野生的动物

卵生的动物

动物的家

大海里的动物

河域的动物

山区的动物

探索与思考，有趣的问题和撕不烂的翻翻书。和孩子一起阅读、问答、思考！

定价：118.00元/套（共10本）

幼儿启蒙知识库：自然

创意：艾米莉·鲍蒙

文字：艾米莉·鲍蒙

绘图：希尔维·米希莱

编译：荣信文化

丛书策划：尹秉礼

丛书统筹：王元　孙肇志　王怡

责任编辑：刘小莉　陈刚　王维卓

美术编辑：董晓明　兰晓静　张雪敏

技术监制：慕战军　王新盈

发行总监：陈刚　雷彬礼

出版发行：未来出版社

出品策划：西安荣信文化

印刷：广东九州阳光传媒股份有限公司印务分公司

书号：ISBN 978-7-5417-3901-9

著作权合同登记号：陕版出图字25-2009-114

图书在版编目（ＣＩＰ）数据

幼儿启蒙知识库. 自然／（法）鲍蒙编文；（法）米希莱绘；荣信文化编译.—西安：未来出版社，2009.9
ISBN 978-7-5417-3901-9

Ⅰ. 幼… Ⅱ.①鲍…②米…③荣… Ⅲ.常识课－学前教育－教学参考资料 Ⅳ.G613

中国版本图书馆CIP数据核字（2009）第158788号

版次：2009年9月　第1版

印次：2009年9月　第1次

网址：www.lelequ.com

联系电话：029-84051670 029-84051664

乐乐趣品牌归西安荣信文化
产业发展有限公司独家拥有
版权所有　翻印必究